幼儿园保教工作指导丛书

幼儿园一日生活环节教师分工手册

YOUERYUAN YIRI SHENGHUO HUANJIE JIAOSHI FENGONG SHOUCE

焦艳 主编

北京师范大学出版集团
BEIJING NORMAL UNIVERSITY PUBLISHING GROUP
北京师范大学出版社

图书在版编目（CIP）数据

幼儿园一日生活环节教师分工手册／焦艳主编. —北
京：北京师范大学出版社，2017.9（2025.6重印）
（幼儿园保教工作指导丛书）
ISBN 978-7-303-22737-2

Ⅰ．①幼…　Ⅱ．①焦…　Ⅲ．①幼儿园——日生活组织—
手册　Ⅳ．①G612-62

中国版本图书馆CIP数据核字（2017）第208983号

出版发行：北京师范大学出版社 https://www.bnupg.com
　　　　　北京市西城区新街口外大街12-3号
　　　　　邮政编码：100088
印　　刷：北京盛通印刷股份有限公司
经　　销：全国新华书店
开　　本：890 mm×1240 mm　1/20
印　　张：5.5
字　　数：90千字
版　　次：2017年9月第1版
印　　次：2025年6月第8次印刷
定　　价：28.00元

策划编辑：罗佩珍　　　　责任编辑：陈佳宵
美术编辑：焦　丽　　　　装帧设计：锋尚设计
责任校对：陈　民　　　　责任印制：赵　龙

编委会

前　言

　　幼儿在幼儿园度过的时光，是他们不可复制的一段人生经历。对他们而言，生活是生长的条件，生长是生活的内容，学习、发展和生长就是生活。班级是幼儿园最小的集体，是幼儿园实施保教工作的基本单位，也是幼儿学习、发展和生长的主要场所。教育管理专家戴维·约翰逊指出："合作不是让成员们肩并肩坐在同一张桌前相互谈论，而是肩并肩却又各做各的事情。"班级教师的团结合作是班级团队和谐运转的保障，潜移默化地影响着幼儿合作能力的发展，并直接影响教育教学活动的正常开展和幼儿一日生活的质量。

一、内容简介

　　党的十八大报告提出，要"办好学前教育"。这是继十七大提出"要重视学前教育"后，对发展指向"有质量的"学前教育提出的新要求。"有质量的"学前教育是与幼儿的身心发展密切联系的。作为"有质量的"学前教育的具体实施者之一，幼儿园教师是幼儿园的第一资本，是最具潜力、最具生命力的资源。随着教师专业化理念的发展，幼儿园教师被赋予了更多的责任：教学设计、活动组织、班级管理、家园沟通等。幼儿园教师不同于中小学教师，最主要的特征是每个班级有三名（或以上）教师同时出现，对一个班级负责。几位教师构成的班级群体内部的合作，是班级工作有质量地发展的前提条件。合理的分工、配合能调动教师的工作积极性，促进教师间和谐关系的发展，提高幼儿园整体合作水平，也可以为班级教师的专业发展提供良好的社会和心理环境。

为了帮助教师快速融入班级团队，促进班级教师之间由被动配合到主动合作，各司其职，帮助班级团队形成群体合力，提升合作质量和班级保教质量，我们编写了这本《幼儿园一日生活环节教师分工手册》，为广大一线教师提供具有操作性和借鉴意义的实践蓝本。

本书共分为三章：生活活动与过渡环节、学习活动与自主游戏、户外活动。每章内容根据幼儿园一日活动环节的类型属性又细分小节，一共列举了15个活动环节，并对每个活动环节的教育价值、教育期望、教育准备、教师分工和工作要点进行详细介绍，针对教师在每个环节前、中、后的理想分工合作状态给出了全面而翔实的要求和说明，使教师能够在全面把握幼儿园一日活动环节教育价值的基础上，有针对性地实施教育行为。

具体包括：

1. 教育价值简述。找准各个环节的独特价值，是挖掘教育资源的首要一环，我们对每个环节的教育价值进行了简明扼要的梳理，高度提炼了本环节的教育价值，帮助教师了解幼儿的身心发展特点、学习特点，正视每一环节的独特教育价值，从而把握正确的教育契机，实施适宜的教育策略。

2. 教育期望。根据幼儿的身心发展特点，结合《3—6岁儿童学习与发展指南》的要求，我们对每个环节中幼儿的发展提出合理目标，为教师在该环节中实施教育行为指明可借鉴的具体方向。

3. 教育准备。由于每个活动环节都有独特的教育价值和环境要求，我们对每一个活动环节大的教育环境提出了简要的要求。也就是说，这个环境的准备是一般要做到的、基础的教学前提。

4. 教师分工。根据每个环节不同的教育特点以及班级教师岗位的不同要求，对该环节中主班教师应该做什么、配班教师应该做什么、保育员应该做什么进行了条理性的分析和梳理，给教师提出了简明的分工要求，使每位教师清楚自己"何时、该在何处、做何事"，帮助教师快速、及时地进入角色。期望通过这样的分工，促进班级教师间的交流、沟通、合作，构建起以班级为单位的教师主体交互方式，增加班级内聚力，最终形成一种和谐、合作、共成长的群体关系。

5. 工作要点。基于教师的分工，针对主班教师、配班教师、保育员三类教师的具体岗位分工提供翔实有效、可操作的工作要点说明，帮助教师联结教育理念和教育实践，理清理念与实践的关系，反思一日活动中自己的教育教学实践的价值及其体现。

二、编写特色

1. 注重保教结合，重视不同类型活动的教育价值。我们秉承"一日生活皆教育"、"一日活动皆课程"的教育理念，对幼儿园一日生活的各个环节、各类活动都进行了系统讨论。从入园到离园，从盥洗到整理，从自主游戏到集体活动等，关注幼儿一日活动的整体构建，注重保育和教育的自然衔接，以期促进幼儿身心的全面发展。

2. **关注岗位分工，重视班级每个岗位的价值**。幼儿园教师是一个特殊的群体，每个班级同时有三位教师存在。三位教师应该相互配合进行教学活动和保育活动。班级内的任何活动都离不开主班教师、配班教师、保育员之间的合作。当下对幼儿园班级教师的配班研究更多聚焦在主班教师身上，对配班教师、保育员的教育价值往往存在不同程度的忽视。在实践中，我们常常看到，幼儿园一线教育教学改革在形式上和内容上虽然丰富多彩，但大多数时候主要的工作任务都落在了主班教师身上，这容易导致一方压力过大、任务过重，另两方则出现职业迷茫、责任感缺失。为此，本书立足幼儿发展的需求，对三位教师的教育价值和责任分工都予以了同等重视。我们关注班级教师的岗位分工，聚焦每个岗位的独特价值，为不同岗位的教师提供具体的、可操作的实践指导。

3. **所提供的工作要点具有可操作性**。一线教师更倾向于选择一些具有实践价值、可操作性强的读本，以期对他们的教育教学实践更具指向性和实用性。为此，我们结合一线教育实践者的真实需求，编写了这本"拿来即用"的分工手册，可以帮助新教师快速融入教学，适应岗位要求，准确找到岗位价值。

三、使用说明

1. **使用时需注意灵活性**。虽然本书对班级教师的配备及其工作职责有相对固定的要求，但在使用过程中，教师可根据园所、班级的实际情况灵活调整人员的分工，还可根据幼儿发展情况、教师合作能力灵活增删工作内容，避免机械照搬。

2. **使用时需注意循序渐进和螺旋上升**。每个活动环节对班级教师的工作要求采取由低水平到高水平、由基本到专业的描述步骤，以帮助教师逐步提升一日活动各环节中合作的能力，教师在使用过程中可参照要求给自己设定循序渐进、螺旋上升的努力方向。

3. 使用时需注意一致性。不同角色的工作要求中有相同的内容，表明了保教人员须注意保持配合，确保教育的一致性。

4. 使用时需遵循分工合作的原则。即对主班教师的工作要求侧重在安全、有序、保质、有效地保障活动的组织与实施上，其在班级活动中起主导作用，对配班教师及保育员的工作定位是对主班工作的补充，侧重于协助主班教师开展活动、保障活动的安全及个别幼儿的特殊需求等方面。主次须分明，三方应协调合作，确保分工有侧重、无遗漏。

目 录

第一章

生活活动与过渡环节

第一节　入园活动

　　入园环节是幼儿在园一日生活的开始。"好的开始是成功的一半"，在入园准备、晨接、晨练活动中，蕴含着许多细微的教育契机，教师应充分利用入园环节，准确把握幼儿身心发展的特点和规律，为幼儿营造温馨舒适、丰富有趣的入园环境，以愉悦的情绪开始、以充满自信的自我服务开始、以不断增强的各种能力开始，吸引幼儿投入活动，使其在心理、身体及能力等方面都得到发展，让入园环节真正成为幼儿一天美好生活的开始。

活动一：晨接

　　晨接环节既是缓解幼儿分离焦虑、促进幼儿品性养成、培养幼儿综合的生活能力，以及开展个性化教育的重要时机，也是建立家园良好关系、形成家园合力的重要环节。教师应与幼儿建立相互喜欢、相互信任的亲密关系，并适时与家长进行交流和沟通，创设环境帮助幼儿学习自我服务。

教育期望

1. 喜欢幼儿园，喜欢老师和同伴，愿意上幼儿园。
2. 能够主动与老师、同伴及其他工作人员打招呼，能开心与家人说再见。
3. 学习合理表达情绪，保持良好的情绪状态。
4. 愿意接受晨检，懂得将身体不舒服的感觉告诉保健医生或老师。
5. 愿意与同伴和老师交流，能够感受集体的温暖，心情愉快，有安全感。
6. 有自我服务的愿望，在自我服务过程中体验自信和能干。

教育准备

1. 班主任应做好合理的分工布局，根据晨接场地特点合理分配教师站位，教师站位应确保全体幼儿都在视线范围内，明确各自的工作要点。

2. 晨接场地开窗通风，物品摆放有序、整洁。检查环境中是否有破损物及危险物品，及时处理，消除环境中的安全隐患。

3. 根据幼儿年龄特点，以图、图文结合、文字等多种形式，在环境中呈现来园自我服务流程图，引导幼儿完成自我服务（放书包、挂毛巾、放茶杯、插来园卡等）。

4. 通过家长园地、家长会等多种途径帮助家长了解幼儿园接送制度。

教师分工

◆ 主班教师

1. 准时到达晨接场地（大门口或教室），教师着装整洁、得体，精神饱满，面带微笑。

2. 热情接待家长与幼儿，引导幼儿主动问候老师、与家长道别。

3. 检查幼儿穿戴及随身携带物品，发现有危险物品代为保管。

◆ 配班教师

1. 准时到达晨接场地（大门口或教室），教师着装整洁、得体，精神饱满，面带微笑。

2. 热情接待家长与幼儿，引导幼儿主动问候老师、与家长道别。

3. 指导幼儿有序地摆放个人物品（书包、茶杯、毛巾等），完成自我服务。

4. 疏导幼儿来园时的负面情绪，营造愉快的入园氛围。

◆ 保育员

1. 整理班级环境（开窗通风、清洁环境卫生），消除环境中的安全隐患。

2. 指导幼儿有序地摆放个人物品（书包、茶杯、毛巾等），完成自我服务。

3. 疏导幼儿来园时的负面情绪，营造愉快的入园氛围。

4. 引导中、大班值日生协助教师整理班级环境。

工作要点

1．用幼儿熟悉或喜欢的手势、固定语言、动作或玩偶与幼儿主动问好，引导幼儿主动有礼貌地向老师问好，跟家长说"再见"。

2．以引导的语言提醒幼儿主动向老师介绍携带的玩具、小饰品或危险物品，用游戏的口吻引导幼儿将危险物品交给老师保管。

3．引导小班幼儿根据来园自我服务流程图（根据各园情况自行设计）有序地摆放书包、茶杯、毛巾、玩具等，鼓励中、大班幼儿互相提醒或监督完成。

4．疏导幼儿来园时的负面情绪：①抱一抱：对于哭闹的幼儿，教师先将其抱在怀里，给予安抚；②哄一哄：想方设法转移幼儿的注意力，减少其哭闹的频率；③说一说：引导幼儿和教师说说话、聊聊天，在说话和聊天的过程中，逐渐帮助幼儿恢复良好的情绪；④查一查：通过给家长打电话和发短信，了解幼儿哭闹的真正原因；⑤定一定：和家长共同商讨解决幼儿哭闹的方法，达成共识；⑥和幼儿有个约定，鼓励他们把不良情绪宣泄出来。

5．与每位家长交接好，确保每名幼儿都得到关注，避免幼儿独自入园或走失。

活动二：晨练

晨练是幼儿园"三浴（空气、水、阳光）锻炼"的重要部分，是促进幼儿身心健康发展的有效途径。晨练内容丰富、灵活性大，有利于发挥幼儿的主动性和积极性。教师应合理、科学、有效地组织幼儿晨练活动，帮助幼儿以饱满的精神状态进入幼儿园一天的生活、游戏、学习等环节，促进幼儿体能发展，建立良好的生活、运动习惯。

教育期望

1. 喜欢与老师、同伴互动游戏，乐意参与体育活动。

2. 遵守活动规则，逐步养成良好的安全行为规则意识。

3. 初步具有运动安全的意识，运动中学习根据身体的感受调节和控制自己的运动量及情绪。

4. 能在与同伴互动中运用协商、合作等方式，学习化解矛盾和冲突，愉快游戏。

5. 初步具有坚强、勇敢、不怕困难的品质。

6. 感受活动带来的收获，愿意与他人分享。

教育准备

1. 班主任应做好合理的分工布局，根据活动场地的空间特点合理分配教师站位，应确保全体幼儿都在视线范围内。教师应明确各自的工作要点，对幼儿的要求须保持一致，在确保每名幼儿安全运动的同时，能关注到幼儿的个体差异，给予适宜的指导和帮助。

2. 检查场地周边环境中是否有危险物品，及时清理，排除安全隐患，检查活动玩具、器械、材料、工具有无损坏，数量是否充足；检查幼儿着装，帮助小班幼儿穿戴好便于运动、适合气温的衣服和鞋子，取下其头部、服装上的饰物，鼓励中、大班幼儿自查或互查。

3. 合理规划活动场地范围，有序摆放活动器械，避开通道，以便于开展活动。

4. 结合季节及本班活动计划，做好晨练计划及因天气原因造成的场地调整计划；对活动过程中的安全防护、活动场地、活动流程有充分预想，设计应对方案。

5. 组织幼儿讨论户外运动的安全行为规则，以图、图文结合等多种方式呈现安全行为规则，并粘贴在场地中方便幼儿阅读的位置。

教师分工

◆ 主班、配班教师

1. 组织幼儿做好活动前准备，交代活动安全规则及要求。

2. 确保幼儿在教师的视线范围内，关注有特殊需要须暂时离开场地的幼儿。

3. 根据气温和幼儿个体差异提醒幼儿及时增减衣服。

4. 观察幼儿的活动情况，做好安全防护工作，帮助幼儿学会自我防护。

5. 帮助幼儿在活动中学习化解矛盾和冲突。

6. 尊重个体差异，用幼儿能接受的方式鼓励幼儿参与活动，支持幼儿在安全的情况下自主探索和创新。

7. 活动后组织幼儿共同收拾活动器械，整理活动场地。

8. 组织幼儿进行放松活动及个人衣物的整理。

◆ 保育员

1. 接待晚来的家长与幼儿。

2. 指导晚来幼儿有序摆放个人物品（如书包、茶杯、毛巾等），带领小班幼儿及时到达晨练场地（可鼓励中、大班幼儿自行到达晨练场地）。

工作要点

1. 教师交代活动范围、内容、安全规则及要求；根据活动需要，带领幼儿做好活动前的准备活动。

2. 关注全体幼儿的活动情况，指导幼儿在教师的视线范围内活动。如遇特殊情况幼儿需临时离场，小班幼儿须有教师跟随，中、大班幼儿可安排同伴一同前往，确保幼儿安全。发生流鼻血、磕碰等受伤事件，应及时处理。

3. 关注全体幼儿的运动情况，根据幼儿实际情况帮助小班幼儿增减衣服，鼓励中、大班幼儿自助或互助。

4. 引导幼儿发现户外运动器械、设备与安全之间的关系。如玩圈时与别人保持一臂距离，不随意藏入无人知道的地方，不将跳绳套住脖子，不拿器械当玩具等；在容易发生危险的滑梯、秋千等位置给予重点看护和指导，及时制止幼儿的危险行为；引导幼儿学习掌握简单的活动自护方法，比如，摔倒时用手撑地，人多时需排队，耐心等待，遇到危险时知道用向左右跑开、抱头、下蹲等方法躲避。

5. 引导幼儿与同伴间互相协作，克服困难，共同完成活动；提醒幼儿与同伴友好相处，能用协商、合作等方式，有效化解矛盾和冲突，愉快游戏。

6. 关注幼儿的个体差异，根据实际情况对动作难易程度、活动量、活动进程、幼儿情绪等进行适宜调控。对于能力强的幼儿要尽量满足需要，促进发展；对好动的幼儿给予格外关注，提醒他们遵守规则，及时干预具有潜在危险的行为；鼓励胆小、动作发展迟缓的幼儿，大胆尝试有挑战性的动作；对于体弱、生病的幼儿给予特别关照。

7. 活动结束后，帮助小班幼儿将玩具、器械、材料按照标记放归原处（中、大班可鼓励幼儿自行收拾，并请幼儿互相检查），带领幼儿做身体放松运动。及时肯定积极参与活动、遵守规则的幼儿，促进幼儿良好行为的发展，使其逐步形成规则意识。

8. 活动结束后，用做游戏的方式引导幼儿清点人数，检查幼儿有无受伤情况、有无遗漏衣物、有无携带危险物品，并进行妥善处理。

第二节　餐点活动

　　餐点活动为幼儿身体发育提供充足的营养，是幼儿生活、学习的物质前提。不同年龄阶段幼儿的身心发展水平不同，因此在进餐环境表现出的进餐状态、需求也不尽相同。教师应针对不同年龄阶段幼儿在进餐中存在的突出问题，有目的、有计划地加以帮助和指导，营造轻松愉快的进餐环境，帮助幼儿逐步养成安静进餐、细嚼慢咽、餐后有序整理等良好的进餐行为和习惯，培养幼儿独立进餐的意识和能力。

教育期望

1. 懂得进餐时情绪愉快对身体健康有益，能安静、愉快地进餐。

2. 能正确使用餐具，掌握吃多种食物的技能，逐步做到独立进餐。

3. 学习细嚼慢咽，口中有食物时不大声说话，保持桌面、地面干净，养成良好的进餐习惯。

4. 养成餐前洗手，餐后有序整理餐具，收拾食物残渣，餐后擦嘴、漱口的卫生习惯。

5. 了解各种食物的营养知识，根据需要适量进食。知道均衡膳食对身体有益，不挑食，不偏食。

教育准备

1. 班主任应做好合理的分工，教师既能照顾到进餐幼儿，同时也能关注到其他幼儿的动态。

2. 准备轻松、优美的音乐，营造宽松、温馨的进餐氛围。

附：各年龄班音乐参考

小班：《高山流水》(古筝)、*Serenade in D-Flat* (轻音乐)、《望江南》(古筝)、《出水莲》(古筝)。

中班：《城里的月光》(赵海洋)、《千寻的圆舞曲》《飘落的樱花》《再会》。

大班：*Childhood's Memory*、*Summer* (久石让)、*The Rain* (久石让)。

3. 创设环境，以图、图文结合等幼儿能理解的方式，呈现自行取餐流程图及餐后个人卫生整理流程图，支持幼儿自行取餐及独立完成餐后个人和环境卫生的整理工作。

附：各年龄班进餐参考

小班：环境中需有取餐及餐后个人卫生整理流程图，便于指导幼儿自行取餐；在餐后独立完成收拾餐具、清洁桌面、擦嘴、漱口等活动；餐车有餐具标识，便于幼儿自行取放餐具。

中、大班：提供适合幼儿使用的毛巾、扫把、垃圾铲，指导幼儿自主完成餐后清洁工作。

4. 创设家园合作的环境，通过班级家长园地、家长会、个别交流等多种途径，指导家长在家培养幼儿良好的用餐习惯。

5. 通过集体或小组的形式，与幼儿讨论值日生的工作职责和分工，制定值日生工作任务分工表。

活动一：餐前

教师分工

◆ 主班教师

1. 播放进餐音乐。

2. 组织幼儿轮流、有序洗手。

3. 组织餐前安静活动，介绍餐点。

◆ 配班教师

1. 提醒晚来的幼儿有序摆放个人物品（如书包、茶杯、毛巾等）。

2. 根据食物特点、幼儿能力水平确定是教师分餐还是幼儿自主取餐。

3. 保育员不在岗时，应指导值日生协助教师做好餐前准备。

◆ 保育员

1. 指导值日生做好餐前准备工作。

2. 提供温度适中的食物（夏季食物宜提前散热，避免烫伤幼儿），将餐点放置在固定地点。

3. 根据食物特点、幼儿能力水平确定是教师分餐还是幼儿自主取餐。

工作要点

1. 播放进餐音乐，音量大小适宜。

2. 分批或根据活动需要组织幼儿有序洗手。

3. 用形象有趣的语言，向幼儿介绍餐点。中、大班可由每日值日生播报，激发幼儿的进餐愿望。

4. 餐前做好桌面清洁、消毒，带领值日生分发餐具，摆放整齐。

5. 注意夏季散热，冬季保温，保证食物温度适中，饭菜要放在安全处，避免发生烫伤事件。

6. 通过家长园地、家长会、个别交流等多种途径，指导家长在家培养幼儿餐前主动洗手、协助分发餐具的习惯。

活动二：进餐

教师分工

◆ 主班教师

1. 营造愉快的进餐氛围，不催促、不批评幼儿。

2. 引导幼儿自行取餐。

3. 用幼儿能接受的方式纠正不良进餐习惯。

4. 观察幼儿的进餐情况，对进餐能力较弱、身体不适的幼儿给予必要的帮助及照顾。

5. 引导幼儿学习吃多种食物的技能。

◆ 配班教师、保育员

1. 营造愉快的进餐氛围，不催促、不批评幼儿。

2. 引导幼儿根据自己的需求少盛勤添。

3. 观察幼儿的进餐情况，及时满足幼儿的特殊需要（小班：喂饭、如厕等）。

4. 用幼儿能接受的方式纠正幼儿的不良进餐习惯。

5. 提醒个别幼儿进餐时间，引导幼儿适应集体进餐。

6. 处理突发事件（餐点泼洒、呕吐等事件），帮助小班幼儿及时处理，指导中、大班幼儿自行处理。

工作要点

1. 以亲切的口吻鼓励吃饭慢、身体不适的幼儿吃饱吃好，引导幼儿尝试不同种类、不同口味的食物。在不影响幼儿情绪或给幼儿造成压力的前提下，用设计游戏情景等方式鼓励幼儿吃完自己的饭菜。

2. 设计较为顺畅的取餐路线，帮助小班幼儿熟悉取餐路线，鼓励他们尝试自己取餐，学习正确使用餐具，提醒幼儿端平、慢走，轻拿轻放；提醒中、大班幼儿自行有序取餐。

3. 指导小班幼儿学习用小勺进餐，提醒幼儿喝汤时两手端平，避免洒汤；指导中、大班幼儿正确使用筷子。

4. 观察幼儿的进餐情况，提醒幼儿细嚼慢咽，嘴里有食物时不说话，懂得不能把饭菜放在别人碗里，不能把食物丢在桌面或地上。在不影响幼儿情绪或给幼儿造成压力的前提下，以设计游戏情景等方式提醒幼儿注意进餐时间，适应集体进餐。

5. 根据幼儿的身体状况及食量情况，允许幼儿自行选择进食量，少盛勤添。如有肥胖幼儿，应与家长协调一致，适当控制进食量，调整食物结构。

6. 指导幼儿学习吃带壳、带皮、带核、有骨头的食物。

7. 帮助小班幼儿及时处理餐点泼洒、呕吐等情况，及时更换衣物，清理桌面及地面；指导中、大班幼儿自行处理。

8. 关注生病中、有食物过敏史、少数民族幼儿的进餐，适当调整食物搭配。

9. 通过家长园地、家长会、个别交流等多种途径，指导家长在家培养幼儿文明用餐的习惯。

活动三：餐后

教师分工

◆ 主班教师

1. 引导幼儿完成餐后整理活动。

2. 创设有准备的环境，根据需要开展集体或幼儿自选的餐后活动。

◆ 配班教师

1. 引导幼儿完成餐后整理活动。

2. 指导中、大班值日生协助教师做好餐具、桌椅、地面等的清洁和整理工作。

3. 帮助有特殊需要的幼儿，处理突发事件。

◆ 保育员

1. 引导幼儿完成餐后整理活动。

2. 帮助有特殊需要的幼儿，处理突发事件。

3. 做好餐具、桌椅、地面等的清洁和整理工作。

工作要点

1. 在用餐环境中粘贴餐后整理流程图，指导小班幼儿掌握饭后有序收放餐具、擦嘴、漱口、清洁桌面的正确方法，提醒中、大班幼儿主动完成餐后整理工作。

2. 提供适合幼儿能力水平的清洁用具，指导值日生按照工作职责完成餐后的清洁打扫工作。

3. 根据实际情况，开展餐后集体散步、阅读活动或自主游戏活动，引导幼儿选择安静的活动，鼓励幼儿与同伴交流互动。

4. 关注餐后跑动的幼儿，适时以游戏或创设情景等方式吸引幼儿选择安静的游戏。

5. 通过家长园地、家长会、个别交流等途径，指导家长培养幼儿餐后主动整理的行为习惯和卫生习惯。

6. 关注有特殊需要的幼儿，及时给予帮助；发生突发事件（餐点泼洒、呕吐等）时，帮助小班幼儿及时处理，指导中、大班幼儿自行处理。

第三节　喝水活动

喝水环节是幼儿园生活教育的课题，幼儿在园是否具有主动喝水的意识，是否能够喝足量的水，不仅意味着幼儿的基本生理需求是否得到满足，更从深层次上反映出班级的心理氛围及师幼关系质量。教师应有效地引导，帮助幼儿养成主动、科学喝水的习惯，这是对幼儿健康生活方式的培养，有利于促进幼儿健康成长。

教育期望

1. 懂得喝水对身体健康的好处。
2. 喜欢喝白开水，逐步做到主动、独立喝水。
3. 在取放杯子、接水、喝水的过程中学习正确使用水杯。
4. 在成人的指导下，学习根据身体需要适量喝水。
5. 养成安静、有序、正确的喝水常规。

教育准备

1. 班主任应做好合理的分工（建议：主班教师站在等待区，配班教师站在装水区，保育员站在喝水区），教师站位应确保全体幼儿都在视线范围内，照顾喝水幼儿有序喝水的同时，也能关注到其他幼儿的动态。

2. 准备好充足、温度适宜（30℃左右）的饮用水，检查喝水场地地面是否干燥，饮水机水槽是否有积水，并及时处理，冷、热水需有标记，以消除安全隐患。

3. 合理规划喝水杯及水壶的放置位置，为每名幼儿的水杯制作便于辨认的标记（图案、图形或文字），在摆放水杯时，注意要露出标记，杯把朝外，方便幼儿取放；事先划分等待区、接水区、喝水区，在环境中设计较为顺畅的喝水路线（根据幼儿喝水常规的发展水平，中、大班可考虑取消线路设计）。

4. 与幼儿讨论并制定安全有序喝水的规则，并以图、图文结合等幼儿能理解的方式呈现。

5. 通过故事、绘本等活动帮助幼儿了解喝水与健康之间的关系。

6. 主动向家长反馈幼儿在园的喝水情况及喝水量，建议家长在家保证幼儿在"最佳喝水时机"适量喝水，使幼儿逐步养成及时喝水的习惯。

教师分工

◆ 主班教师

1. 根据季节、气候、活动需要，灵活地组织幼儿轮流喝水，允许幼儿在学习与游戏中，根据自己的需要及时喝水。

2. 通过做游戏等方式组织等待区的幼儿有序等待，指导幼儿有序喝水。

3. 关注身体不适的幼儿，根据实际情况提醒幼儿增加喝水次数。

4. 关注幼儿的喝水情况，及时引导不主动喝水的幼儿喝水。

5. 关注幼儿衣服是否有水迹，必要时更换晾晒。

◆ 配班教师

1. 提醒幼儿有序接水。

2. 确保喝水场地地面干燥，保持饮水机水槽和水杯架干爽、洁净。

3. 关注幼儿衣服是否有水迹，必要时更换晾晒。

4. 照顾身体不适的幼儿，根据实际情况提醒幼儿增加喝水次数。

◆ 保育员

1. 提醒幼儿有序取放水杯，喝完后放回水杯。

2. 确保喝水场地地面干燥，保持饮水机水槽和水杯架干爽、洁净。

3. 关注幼儿衣服是否有水迹，必要时更换晾晒。

4. 照顾身体不适的幼儿，根据实际情况提醒幼儿增加喝水次数。

工作要点

1. 组织幼儿喝水前有序洗手。

2. 以游戏的方式激发幼儿喝水的愿望；发挥教师自身或同伴的榜样作用，带动喝水困难的幼儿共同喝适量的水。

3. 把握喝水时机。上午10点左右，户外活动前、后，午睡起床后，下午4点左右，及时组织幼儿喝水，或是提醒幼儿根据需要自主喝水。

4. 提醒幼儿按照喝水线路有序排队，对插队、排队打闹等现象及时引导或制止，肯定幼儿有序等待及在固定区域安静喝水等良好的行为。

5. 指导小班幼儿端取自己的水杯，接水时眼睛看着杯子，每次接半杯或三分之二杯，端稳水杯，慢慢走到喝水区，一口一口慢慢喝，及时用毛巾擦拭嘴上的水迹，喝完水后将杯子放回原处，杯口朝上，杯把朝外；提醒幼儿不把水洒在衣服或地上。

6. 提醒中、大班幼儿有序、正确接适量的水，充分发挥幼儿之间互相监督的作用，有效地帮助幼儿调整喝水量，使其养成有序、正确的喝水常规。

7. 关注身体不适的幼儿，根据实际情况提醒幼儿增加喝水次数，帮助小班幼儿更换被洒湿的衣服，提醒中、大班幼儿自行更换衣服。

8. 引导中班幼儿在发现地上有水时，及时告知老师，指导大班幼儿尝试清理地面，保持地面干燥。

第四节　如厕活动

如厕是幼儿园生活教育课题的重要组成部分。幼儿从家庭来到幼儿园，面对生活环境的变化，在心理上会产生一定的压力，加上如厕方式及如厕器具的改变，对大多数幼儿来说，在园如厕成为一种挑战。教师应准确把握如厕教育的适宜性，从幼儿身心健康发展的角度出发，创设干净、卫生的如厕环境，营造轻松的心理环境，帮助幼儿掌握如厕的基本技能，建立关于如厕的健康行为方式，促进其身心和谐发展。

教育期望

1. 懂得在园如厕是件很正常的事，不紧张，不拒绝。
2. 懂得及时排便对身体健康有好处，有便意时知道自己如厕或告知成人，能及时排便。
3. 能自己脱裤子、提裤子，大小便入池，便后主动冲水、洗手，整理衣服。
4. 小班幼儿尝试学习自己擦屁股，中、大班幼儿能自己擦干净，并合理取纸，不浪费。
5. 初步具有关注身体健康的意识，养成良好的如厕习惯。

教育准备

1. 班主任应做好合理的分工，教师站位须确保全体幼儿都在视线范围内，照顾幼儿有序如厕的同时，也能关注到其他幼儿的动态。

2. 创设轻松、安全、干净的如厕环境：在厕所环境中粘贴一些适宜的装饰品或有趣的图片，使幼儿感到放松；准备便盆，帮助幼儿从坐便逐渐过渡并适应蹲便；在合适的位置贴对小脚印，帮助幼儿调整如厕时的位置，使幼儿有安全感；保持厕所地面干燥，便池洁净、无异味，提供数量充足、大小适宜的手纸（中、大班可请值日生协助做好厕所地面、便池、手纸等方面的准备工作）；与幼儿讨论文明如厕的规则，粘贴在厕所中幼儿可见处。

3. 带领小班幼儿认识男、女厕所环境，在环境中粘贴男孩、女孩厕所标识，用幼儿喜欢的图案装饰冲水器按钮，帮助幼儿养成便后冲水的习惯。

4. 通过班级家园联系手册、家长会、个别交流等多种途径，向家长反馈幼儿在园的如厕情况，指导家长通过模拟练习帮助幼儿掌握擦屁股技能等，协同教师做好如厕教育。

5. 通过故事、绘本等方式，帮助幼儿了解按需大小便对身体健康的重要性。

6. 了解幼儿在家大小便习惯，请家长给幼儿准备一两套舒适的衣服带到幼儿园，以备及时更换。

教师分工

◆ 主班教师

1. 分批或根据活动需要灵活组织幼儿如厕，引导并允许幼儿在学习与游戏中，根据自己的需要及时就近如厕，培养不随地大小便的习惯。

2. 关注幼儿如厕过程，指导小班幼儿学习如厕，掌握便后整理衣服、洗手的正确方法。

3. 教会小班幼儿合理取纸的方法，用多种方式鼓励幼儿养成节约用纸的习惯。

4. 培养幼儿文明如厕的常规。

5. 培养幼儿保护身体私密部位的安全意识。

◆ 配班教师

1. 引导并允许幼儿在学习与游戏中，根据自己的需要及时就近如厕，培养不随地大小便的习惯。

2. 教会小班幼儿合理取纸，指导或帮助幼儿完成便后整理工作。

3. 指导值日生维护如厕秩序，对幼儿如厕过程中喧哗、嬉戏、打闹、争抢厕位等行为及时提醒。

4. 保育员不在岗时，需检查卫生间地面是否有积水、随时保持地面干燥、便池洁净无异味；及时帮助弄脏衣物、身体的幼儿做好更换衣服和擦洗工作，快速清理有便迹的衣服。

5. 关注身体不适的幼儿，必要时提醒幼儿及时如厕。

◆ 保育员

1. 保持卫生间地面干燥、空气流通，随时保持便池洁净、无异味；随机补充足量的、方便幼儿取用的卫生手纸（中、大班可邀请幼儿参与清洁准备工作）。

2. 引导并允许幼儿在学习与游戏中，根据自己的需要及时就近如厕，培养不随地大小便的习惯。

3. 教会小班幼儿合理取纸，指导或帮助幼儿完成便后整理工作。

4. 及时回应有如厕需要的小班幼儿，帮助弄脏衣物、身体的幼儿做好擦洗工作，及时更换衣服，快速清理有便迹的衣服。

5. 关注身体不适的幼儿，必要时提醒幼儿及时如厕。

工作要点

1. 组织幼儿分别进入男、女厕所有序如厕。在厕所地面、墙面、栏杆扶手、便池等位置张贴如厕流程图，引导幼儿完成脱裤子、提裤子、便后擦屁股、整理衣服、冲水、洗手等工作。条件受限的幼儿园可安排男、女幼儿错时如厕，适时对幼儿进行性别认识和性别认同的引导。

2. 集体或户外活动前，提醒幼儿如厕；在活动过程中，教师多提醒因贪玩而经常忘记如厕的幼儿；小班幼儿需由一位教师带领，中、大班幼儿可安排幼儿带领。

3. 通过故事、绘本、谈话及日常示范，教会幼儿掌握合理取用手纸、手纸入池、便后冲水、洗手等良好的如厕习惯。

4. 带领幼儿讨论班级如厕文明公约，以多种形式记录，并张贴在厕所或相应区域内，提示幼儿自觉遵守；对幼儿如厕过程中存在的喧哗、嬉戏、打闹、聊天、抢厕位等个别问题，及时进行引导和教育（中、大班可请幼儿互相监督）。

5. 以故事、绘本等活动帮助幼儿了解身体私密部位，使幼儿懂得不能让陌生人触碰私密部位。

6. 通过家长园地、家长会、个别交流等途径，指导家长在家培养幼儿按需如厕、便后整理的习惯。

附：相关流程

女孩（大）小便流程：①便前用肥皂把手洗干净；②站在便池前两腿分开站稳；③抓住裤腰，将裤子脱至靠近膝盖的位置；④手抓扶手，慢慢蹲下；⑤便后用手纸轻轻将尿液擦拭干净，要从前往后擦；⑥双手抓住裤腰，用力往上提裤子，先提内裤、衬裤，再提外面的裤子，最后将裤子两侧、前面和后面整理平整；⑦冲厕所，洗手。

男孩小便流程：①便前用肥皂把手洗干净；②便前两腿分开站稳；③抓住裤腰用力往下脱至胯部；④手扶阴茎，对准便池中心位置小便；⑤双手抓住裤腰，用力往上提裤子，先提内裤、衬裤，再提外面的裤子，最后将裤子两侧、前面和后面整理平整；⑥冲厕所，洗手。

第五节　盥洗活动

在幼儿园中，日常盥洗活动主要包括洗脸、洗手、漱口、梳头等活动。习得良好的盥洗习惯，是保障幼儿身体健康的第一道防线。教师应有效地挖掘盥洗环境中的课程资源，采取多种方法有意识地进行引导培养，帮助幼儿学会正确的盥洗方法，建立良好的生活习惯。

教育期望

1. 懂得洗手的重要性，掌握正确的洗手方法，养成饭前、便后、手脏时及时洗手的习惯。

2. 懂得漱口能清洁口腔，会用鼓漱的方法漱口，养成饭后漱口的习惯。

3. 学习用正确的方法洗脸，养成起床后、脸脏时及时洗脸的习惯。

4. 愿意梳头，知道起床后、头发凌乱时要及时梳头。

5. 养成文明盥洗的行为习惯。

教育准备

1. 班主任应做好合理的分工，班级教师站位应确保全体幼儿都在视线范围内，在能照顾到幼儿有序盥洗的同时，也能关注到其他幼儿的动态。

2. 创设干净、卫生、安全的盥洗环境：保持盥洗室地面干净、干燥，提供便于幼儿取放的、数量充足的洗手液、毛巾，危险化学用品放置在幼儿拿不到的地方。

3. 为小班幼儿张贴有趣、易懂的洗手、洗脸、梳头、漱口流程图或相关的儿歌、童谣，帮助幼儿掌握正确的洗手、洗脸、梳头、漱口方法。

4. 与幼儿讨论班级文明盥洗的行为规则，以图片、图文结合等方式粘贴在环境中，提醒幼儿自觉遵守。

5. 通过家长园地、家长会、个别交流等途径，建议家长在家引导幼儿模拟练习，掌握正确的盥洗方法，协同教师做好盥洗教育。

教师分工

◆ 主班教师

1. 在餐前、便后及户外活动后，分批或根据活动需要灵活组织幼儿轮流、有序、正确地洗手，引导并允许幼儿在手脏时就近及时自行洗手。

2. 餐后引导幼儿用正确的方法漱口。

3. 午睡起床后组织幼儿洗脸，给长头发的女孩梳头。

4. 提醒幼儿洗手后及时关水，培养节约用水的意识。

5. 指导小班幼儿遵守文明盥洗的行为规则；引导中、大班幼儿互相提醒和监督，培养文明的盥洗习惯。

◆ 配班教师、保育员

1. 协助主班教师组织幼儿轮流有序完成盥洗活动，关注幼儿盥洗过程，确保幼儿安全。

2. 为小班幼儿或有需要的幼儿提供必要的提示或帮助。

3. 密切关注幼儿盥洗后衣物的情况，必要时帮其及时更换。

4. 指导中、大班幼儿互相提醒和监督，培养文明的盥洗习惯。

工作要点

1. 指导幼儿掌握正确的洗手方法。

①帮助或指导小班幼儿将袖子挽至胳膊肘处，防止溅湿衣袖，鼓励中、大班幼儿互相帮助；②指导幼儿轻轻打开水龙头调至合适位置，保持水流柔和；③引导小班幼儿对照五步洗手法（湿、搓、冲、甩、擦）流程图正确洗手，鼓励中、大班幼儿互相学习正确洗手；④对搓洗不仔细、冲洗不干净等情况，给予动作示范或语言提示；⑤帮助或指导小班幼儿洗完手后用正确的方法擦干双手，将衣袖放下，整理平整，鼓励中、大班幼儿互相帮助；⑥关注每名幼儿的洗手情况，对幼儿洗手过程中存在的抢位、打闹、玩水等个别问题及时进行引导和教育（中、大班可请幼儿互相监督）。

附:《洗手歌》

清水哗啦啦，宝宝洗手了；挽袖子、开龙头；冲湿小小手，关上水龙头；涂涂洗手液，搓手心，搓手背，搓手腕，搓手指，插插手指缝；开开水龙头，冲掉肥皂泡；轻轻捧点水，冲冲水龙头；关上水龙头，轻轻甩三下；小毛巾擦一擦，小手干净了。

2. 指导幼儿掌握正确的漱口方法。

①引导能力强的幼儿对照流程图（接好水—含口水—闭紧嘴、鼓鼓嘴—吐出水—擦擦嘴—放水杯）正确漱口；②帮助能力弱的幼儿用水杯接好半杯漱口水，通过示范或儿歌引导幼儿将漱口水含在嘴里鼓漱3～5次，再轻轻吐进水池中，不要把水咽进肚中；③提醒幼儿漱口后把自己的水杯放回原处并摆放整齐；④关注每名幼儿的漱口情况，对幼儿漱口过程中存在的打闹、说笑、喷水等个别问题及时进行引导和教育（中、大班可请幼儿互相监督）。

附:《漱口歌》

含口水，鼓鼓嘴，"咕噜咕噜"吐出水，漱三遍真干净，最后还要擦擦嘴。

3. 指导幼儿掌握正确的洗脸方法。

①引导能力强的幼儿对照洗脸流程图正确洗脸；②通过示范，指导能力弱的幼儿依次把嘴巴、鼻子、额头、脸颊、耳朵、脖子洗干净；③提醒幼儿洗完脸将洗脸毛巾拧干挂回原处；④关注每名幼儿洗脸的情况，对幼儿在洗脸过程中存在的玩水、打闹等个别问题及时引导和教育（中、大班可请幼儿互相监督）。

附:《洗脸歌》

小手洗干净，手捧小毛巾，洗洗小眼睛，洗洗小嘴巴，鼻子别忘记，搓搓小脸颊，揉揉小耳朵，脖子也要洗，毛巾擦干水，脸儿真干净。

4. 指导幼儿掌握正确的梳头方法。

①鼓励能力强的幼儿对照镜子从上向下，梳整前面、侧面、后面的头发；②帮助能力弱的幼儿梳理头发；③提醒幼儿梳完后，将掉落在肩部、地上及残留在梳子上的头发放进垃圾桶，把梳子刷洗干净。

5. 引导小班幼儿遵守盥洗规则，鼓励中、大班幼儿互相提醒和监督。

6. 利用幼儿喜欢的图案、儿歌等，提醒幼儿洗手后及时关水。

7. 通过家长园地、家长会、个别交流等途径，建议家长在家引导幼儿进行练习，掌握正确的盥洗方法。

第六节　午睡活动

　　幼儿园的午睡活动相对于一日生活中的其他环节时间较长，对环境安静程度要求也高。《3—6岁儿童学习与发展指南》强调："让幼儿保持有规律的生活，养成良好的作息习惯（如早睡早起、每天午睡等）。"根据幼儿的生理特点，安排午睡是非常必要的。科学调查证明，睡眠是影响儿童身高、体重指标是否正常的重要因素。从幼儿的角度来说，独立入睡以及睡前、睡后的穿脱整理，是发展幼儿手眼协调能力、精细动作的重要契机，更是其生活自理能力养成和自我服务能力提升的重要途径。因此，教师应正视午睡活动的教育价值，明确在睡眠过程中不同年龄段幼儿应达到的目标要求和具体内容，抓住睡前、睡中和睡后活动的教育契机，充分发挥午睡活动在幼儿成长中的作用。

教育期望

1. 喜欢在幼儿园午睡，能独立入睡。

2. 懂得午睡对身体有益，养成按时午睡的习惯。

3. 能正确穿脱衣服、鞋袜、如厕，做好入睡前准备。

4. 保持正确的睡姿，入睡时盖好被子，保持安静。

5. 睡不着时懂得保持安静，不打扰别人。

6. 有便意、身体不适或发现同伴有异常情况时，能及时告诉老师。

7. 按时起床，不赖床，学习独立整理床铺。

教育准备

1. 选择舒缓的午睡音乐，调整室内光线，营造一个轻松、舒适、安静的午睡氛围，确保每名幼儿有足够的午睡空间，做好安全的物质环境准备。

2. 为幼儿每人准备一套干净、卫生的被褥，做好幼儿喜欢的标记。

3. 设置幼儿放衣服、鞋子、小饰品的区域及容器，指导幼儿有序地做好睡前准备。

4. 通过家长园地、家长会、个别交流等多种途径，指导家长在家帮助幼儿养成按时午睡、按时起床的作息习惯。

5. 指导家长选用短小易学、形象生动的儿歌，帮助幼儿在生活情境中学习盖被子、整理被子、脱叠衣服等方法。

活动一：午睡前

教师分工

◆ 主班教师、配班教师

1. 组织幼儿进行睡前活动，稳定幼儿情绪。

2. 分批或根据幼儿需要灵活组织幼儿轮流如厕。

3. 根据需要开关窗户，保证室内空气流通、温度适宜，拉好窗帘，调整光线，播放舒缓安静的音乐（或故事），营造安静、舒适的午睡氛围。

4. 检查幼儿随身携带的小物件（皮筋、发夹、头花等），集中存放在指定位置，避免幼儿在午睡时发生意外。

5. 帮助小班幼儿脱衣服、鞋袜，鼓励中、大班幼儿自理或互助；引导幼儿将衣服、鞋袜放置在指定位置，及时上床，避免着凉。

6. 关注有特殊需要的幼儿，及时给予帮助。

◆ 保育员

1. 准备好幼儿被褥（依据幼儿的能力水平及实际情况，可组织幼儿一起准备），检查床铺，确保无危险物品，排除安全隐患。

2. 拉下窗帘，检查窗帘拉升绳子是否随处垂落，调整室内光线；检查幼儿随身携带的小物件，引导幼儿集中放置在指定容器中。

工作要点

1. 组织幼儿进行睡前阅读、散步等活动，安定幼儿情绪。

2. 分批或根据需要组织幼儿有序如厕，做好如厕后的整理。

3. 拉下窗帘，调节好室温、光线：夏季严热时可使用空调，室温保持在23℃～28℃，空调风口避免正对幼儿；冬季寒冷时，保持温度在18℃～25℃。提醒幼儿将被子盖在头部以下，保证呼吸顺畅；播放适宜午睡的音乐，调整好音量，使幼儿觉得安静、舒服。

4. 帮助小班幼儿铺床褥、脱衣裤、鞋袜，并引导幼儿放在指定位置，鼓励中、大班幼儿自理或互助。

5. 检查幼儿口中、手中、枕头上是否有异物（如口中含饭，手里有小玩具、小豆子、玻璃珠等），引导幼儿将异物和皮筋、发夹、头花等集中存放在指定容器中。

6. 关注有情绪的幼儿，以幼儿能接受的方式安抚幼儿情绪；关注不愿午睡的幼儿，以做游戏、创设情境、讲故事等方法引导幼儿上床。

活动二：午睡中

教师分工

◆ 主班教师、配班教师

主班教师、配班教师如需看午睡，参照保育员的相关工作要求。

◆ 保育员

1. 耐心安抚小班幼儿，采用讲故事、听音乐等适宜的方式帮助其入睡，逐步建立幼儿午睡规律。

2. 用有效的方法帮助入睡晚、入睡困难的幼儿快速入睡。

3. 不定时地巡视幼儿的午睡情况，关注并提醒易尿床幼儿起床如厕，发现幼儿尿床后及时更换衣物和床褥。

4. 关注幼儿的身体动态、呼吸、体温，发现异常情况及时处理。

5. 在保障幼儿午睡安全的前提下，完成本时段的卫生清洁工作。

工作要点

1. 以游戏的口吻，引导幼儿放平枕头，盖好被子，把手放在被子里面。播放故事，或用轻柔的语调、缓慢的语速讲述温馨而简短的故事或儿歌，稳定幼儿情绪，帮助其尽快入睡。

2. 用轻柔的语言提醒幼儿安静、独立入睡，采取右侧卧位或仰卧位。

3. 对哭闹厉害、入睡困难或者有恋物习惯的幼儿，可采用轻轻抚摸、拍一拍、抱一抱等方式，安抚其情绪，允许其带着熟悉的物件入睡。

4. 对入睡慢、入睡难的幼儿，可采用适当的陪伴、延迟上床时间、与其约定（当天比前一天早睡5分钟）等方式，帮助幼儿逐渐适应集体午睡。

5. 随时巡视观察，根据情况给幼儿添减被子，纠正不正确睡姿，动作轻柔。

6. 用轻柔的声音提醒午睡中有如厕需要的幼儿，发现幼儿尿床要及时帮助其换洗衣物、晾晒被褥。

7. 幼儿出现呕吐、高烧、惊厥、腹痛等紧急情况，应立即通知医务人员和园领导，教师或幼儿园相关人员应清楚幼儿园最近的社区医疗服务中心、医院的位置和联系方式。

8. 提醒早醒的幼儿保持安静，不影响同伴。

9. 建立午睡巡视制度，将幼儿午睡时的具体情况详细记录在表中，如情绪、咳嗽、流鼻血、睡眠异常等情况，便于离园时及时向家长反馈。

活动三：午睡后

教师分工

◆ 主班教师、配班教师

1. 播放音乐，帮助幼儿自然醒来，提醒幼儿根据需要及时如厕、盥洗、喝水。

2. 指导小班幼儿学习整理床铺，鼓励中、大班幼儿自理或互助。

3. 指导或帮助小班幼儿穿好衣服、鞋子，鼓励中、大班幼儿自理或互助。

4. 指导短头发的幼儿学习梳头，帮助长头发的女孩梳头。

◆ 保育员

1. 拉开窗帘，帮助幼儿自然醒来，以游戏的口吻帮助赖床的幼儿起床。

2. 协助幼儿整理床铺，帮助尿床的幼儿及时更换衣物及晾晒被褥。

3. 开窗通风，清洁寝室卫生。

工作要点

1. 播放音量适中、轻松欢快的音乐，组织幼儿按时起床，可做2~3分钟的起床操。

2. 全面观察幼儿的精神状态，用手测量幼儿体温，发现异常，及时处理。

3. 指导或帮助幼儿穿好衣服，掌握穿衣顺序（先穿上衣、裤子，再穿袜子）；仔细检查幼儿的衣服穿戴是否整齐，鞋子有无穿反，并帮助调整。

4. 采用短小易学、形象生动的儿歌，帮助幼儿在生活情境中学习盖被子、整理被子、脱叠衣服、穿鞋子等。

附：儿歌

《脱套头衫》：小朋友，来帮忙；抓住小袖口，拽下小袖子；领口向上提，衣服脱下来。

《穿鞋歌》：两只鞋宝宝，一对好朋友，穿错了，背对背，穿对了，头踫头。

《扣纽扣》：小纽扣，要扣好，从下面，往上扣，一颗颗，要扣好。

《穿衣歌》：抓领子，盖房子，小老鼠，出洞子，吱扭吱扭上房子。

《穿鞋歌》：小脚丫，伸进鞋，小小手，用力拔，小鞋子，穿穿好，走路不摔跤。

《叠衣歌》：关好门，抱抱臂，低低头，弯弯腰，衣服叠好了。

第七节　整理活动

　　幼儿园是幼儿离开家庭学习独立的一次重要旅程。《3—6岁儿童学习与发展指南》对幼儿"具有基本的生活自理能力"的要求，包括整理仪表（穿、脱衣服或鞋袜；系鞋带、扣纽扣等）和整理环境（整理生活用品、学习用品、个人物品）两方面。对幼儿来说，每天周而复始的仪表整理、环境整理，是学习独立生活、融入社会环境的开始。整理活动是培养幼儿自理能力和为集体服务意识的重要环节，可以为幼儿适应未来社会生活奠定良好的心理基础和生活能力基础。不论幼儿做得好坏，教师都要给予适当的肯定，不要因幼儿做不好或做得慢而包办代替，剥夺了幼儿发展自理能力和服务意识的权利。

教育期望

1. 乐于自己整理仪表，喜欢干净和整洁。

2. 学习管理自己的物品，并能按顺序整理和摆放。

3. 愿意协助老师整理班级玩具、材料、桌椅等，具有为集体服务的意识。

教育准备

1. 创设整洁、有序的环境，合理规划班级物品的存放位置，并为幼儿提供临时存放个人物品的空间（如柜子、筐子等），帮助幼儿形成秩序感和安全感。

2. 根据幼儿的年龄特点，对活动材料、器材、个人物品等进行归类整理，划分区域，张贴明显的标识，帮助幼儿熟悉每种材料的位置。在中、大班，教师可在部分材料、器材旁用图片明确地提示摆放的要求，并简明介绍使用方法和注意事项。材料标识要明显、清晰，便于幼儿理解。

3. 为幼儿提供必需的、方便取放及使用的整理工具（如抹布、小扫把、小簸箕等）。

4. 指导家长在家培养幼儿的整理习惯。

教师分工

◆ 主班、配班教师

1. 播放舒缓的音乐，营造愉快的整理氛围。

2. 帮助小班幼儿整理个人仪表、个人物品，鼓励中、大班幼儿自理或互助。

3. 指导小班幼儿整理使用过的材料，鼓励中、大班幼儿参与整理班级环境。

4. 组织愿意为班级服务的幼儿参与整理。

◆ 保育员

1. 协助指导幼儿整理个人仪表、个人物品及班级环境。

2. 做好本时段的卫生清洁工作。

工作要点

1. 播放整理环节的提示信号（如轻音乐等）。

2. 运用小口诀、儿歌、动作示范等直观、形象、有趣的方式，指导小班幼儿完成擦脸、梳理头发、整理衣服鞋袜等仪表整理活动，鼓励中、大班幼儿自理或互助（儿歌参照午睡环节）。

3. 用游戏的方式开展"分分类"、"参观小书包"等活动，指导小班幼儿逐一将衣服、水壶等个人物品放入书包，鼓励中、大班幼儿自行整理，并互相检查。

4. 用鼓励的口吻、做游戏的方式鼓励幼儿参与整理班级玩具、材料、桌椅等。

5. 在幼儿进行整理的过程中，根据个体差异设置整理目标和要求，适时为有需要的幼儿提供帮助。

6. 帮助小班幼儿检查整理情况，发现有遗漏、混乱或破损时，及时对物品进行调整、补充或修整，鼓励中、大班幼儿自理或互助。

7. 开展较为安静的活动（如阅读、听故事、桌面游戏），等待离园。

第八节　离园活动

　　离园是幼儿在园一日活动的最后一个环节，也是幼儿在园快乐生活的点睛环节。离园环节还是调整幼儿情绪、缓解分离焦虑、开展安全教育和家长工作的有利时机。从幼儿的角度来说，离园环节应该是让幼儿身心放松、进行自我整理的时段。在此环节中，幼儿有轻松愉悦的内心体验、自由自主的活动状态和留恋幼儿园生活的美好情感。不同年龄段幼儿离园环节的表现和需求有其不同特点。教师可以利用多种活动形式，在稳定幼儿离园情绪的同时，把握随机教育契机，有重点地实施教育，促进幼儿良好习惯的养成。如鼓励幼儿在此环节中和小伙伴进行离园前的告别，支持同伴间自主、友好的约定；回顾当天快乐的事情，鼓励幼儿用不同的方式记录和表达自己的一日心情。此外，离园环节也是进行有针对性的家园沟通、实施有效互动的契机。

教育期望

1. 保持一种稳定、愉悦的情绪离园。
2. 根据自己的意愿选择安静的离园活动，遵守活动规则。
3. 尝试解决自主交往中的问题和冲突，与同伴友好相处。
4. 离开教室时，有礼貌地和教师、小朋友说再见。
5. 懂得跟随家人离园，不跟随陌生人，不独自离开。

教育准备

1. 创设有准备的环境，合理计划离园前的集体或自主活动内容。
2. 班主任应做好合理的分工，教师站位应确保全体幼儿在视线范围内。将每名幼儿交接给家长，避免错接、漏接现象发生，确保接送安全有序。
3. 通过家长园地、家长会等多种途径，帮助家长了解幼儿园接送制度。
4. 如发现幼儿走失等异常情况，立即启动幼儿园安全预警机制。

教师分工

◆ 主班教师

1. 播放轻柔的音乐，营造安静、有序的离园氛围，组织离园前的安静活动。

2. 关注全体幼儿，确保全体幼儿在视线范围内，维持离园秩序。

3. 关注幼儿情绪，用多种方式安抚情绪不稳定的幼儿。

4. 提醒有家长来接的幼儿将玩过的玩具和材料放回原位，带齐个人所有物品与教师道别。

5. 待大部分幼儿离园后，接待个别有沟通需要的家长。

6. 全体幼儿离园后整理班级环境。

◆ 配班教师

1. 站在幼儿园大门口或教室门口，热情接待来接家长，确认家长身份，与家长做好交接。

2. 主动与幼儿和家长说再见。

3. 待大部分幼儿离园后，接待个别有沟通需要的家长。

4. 全体幼儿离园后检查班级环境。

◆ 保育员

1. 协助教师做好交接工作，维持离园秩序。

2. 与有特殊情况幼儿的家长交流幼儿在园情况。

3. 全体幼儿离园后进行教室清洁、消毒和安全检查工作。

工作要点

1. 离园前回忆活动：可以利用离园前的时间和幼儿一起回忆一天的生活，稳定幼儿情绪，鼓励幼儿的进步，使幼儿感受到自信。

2. 阅读活动：可组织幼儿阅读或自主阅读，稳定幼儿情绪，让等待的时间更有乐趣。

3. 桌面游戏活动：可进行自选游戏活动，鼓励幼儿与同伴互相交流，尝试解决交往中的问题和冲突。

4. 儿歌、童谣、手指游戏：可组织幼儿念儿歌、童谣，玩有趣的手指游戏，让等待的时间更有乐趣。

5. 严格执行接送制度，要求家长出示幼儿园接送卡，固定人员接送幼儿，认真辨认接送人员，确认身份后把幼儿交给接送人员。如情况特殊，由非监护人接送幼儿，教师要看接送卡或及时向家长和幼儿了解情况，并且电话联系确认安全后再把幼儿交与接送人员。

6. 主动与幼儿和家长道别，引导幼儿以自己的方式与教师道别。

7. 运用情绪抚慰、巧妙回应、转移注意力等策略，稳定个别幼儿的情绪。

8. 有针对性地做好家园沟通，达成有效互动，共同促进幼儿的全面成长和进步。

第九节　过渡环节

　　在不同类型活动之间起转换连接作用的活动被称为过渡活动。过渡环节是幼儿在幼儿园一日生活的重要组成部分，它将幼儿一天中的学习、生活、游戏、运动等活动串联起来，是"一日生活皆教育"理念的重要体现。从幼儿的角度来说，过渡环节能够给幼儿提供一个释放心理能量的空间，满足了幼儿身心活动节奏更替的需要，是发展幼儿自主选择、自我管理能力的重要环节，也是幼儿稳定、有序的一日生活的必要组成部分；从教师的角度来说，过渡环节提供了进一步观察幼儿行为、思考和调整教育策略的机会。在过渡环节安排适宜的游戏可以使过渡自然灵活、衔接紧凑，使一日各活动之间的"缝隙"变得有序、有趣、有效、有意义。

教育期望

1. 能自主调节情绪状态，为下一个活动做好心理准备。

2. 对下一活动充满期待，能够愉快、有序地完成过渡环节的生活活动和准备工作。

3. 在等待的时间里，能够自主选择喜欢的活动及同伴，积极主动与同伴、教师自然交流互动。

4. 愿意帮助教师承担力所能及的任务，乐意帮助有需要的同伴。

5. 能够获得有益的学习经验，逐步建构认知、情感体系。

教育准备

1. 班级教师应统筹规划一日生活过渡环节，根据每个过渡环节的特点设定适宜的活动时间、活动形式、活动内容；体现过渡的自然性、自主性，满足幼儿的发展适应性，实现教育的渗透性。

2. 提前做好发出过渡环节信号的准备、场地转换的准备，确保信号清晰、场地安全、材料充足。

3. 根据天气变化等特殊情况，制订场地、内容调整的应对计划，设想安抚幼儿情绪的策略。

教师分工

◆ 主班教师

1. 告知幼儿下一个活动的内容和场地，提前将幼儿带入下一个活动情境中，激发幼儿对下一个活动的期待，做好心理准备。

2. 用固定的信号提示幼儿进入过渡环节，并以简洁、清晰的语言提醒幼儿过渡环节需完成的任务。

3. 根据过渡环节的特点及实际情况，选择组织集体活动或让幼儿自主选择开展活动，确保过渡环节充满乐趣。

◆ 配班教师、保育员

1. 协助主班教师组织过渡环节，提醒并督促幼儿完成生活活动，快速进入下一个活动。

2. 及时处理突发事件。

工作要点

1. 告知幼儿下一个活动的集合时间及地点，播放过渡环节音乐或发出固定信号，提醒幼儿完成本时段的生活活动（喝水、如厕、洗手等）和准备工作（整理穿戴、教玩具、材料等）。

2. 根据需要选择组织集体活动或幼儿自主的过渡活动。

（1）集体游戏活动：可根据计划选择活动内容（阅读、儿歌、童谣、手指游戏、律动、谈话、歌唱、生活自理活动等）。

（2）幼儿自主游戏：鼓励幼儿选择自己喜欢的方式度过等待的时间。

3. 关注在过渡环节中无所事事的幼儿，给予及时引导及帮助。

4. 关注追逐、打闹的幼儿，及时制止有危险性的行为，帮助幼儿处理冲突，提醒幼儿在自由选择过渡活动的同时，应注意自己和他人的安全。

第二章

学习活动与自主游戏

第一节　集体活动

一般来说，在教师的组织和指导下，全班幼儿在同一时间做相同事情的活动叫做集体活动。在此概念的基础上，这里的集体活动主要是指幼儿园集体教育活动，是教师根据既定的教育目标与内容，同时考虑幼儿的身心发展水平，使用符合幼儿现有水平的教学方法与材料，对幼儿集体开展的教育活动，如谈话活动、分享活动、领域学科（语言、艺术、科学等）教学活动等。

从社会心理学上来说，"人是一种社会性动物，必须归属于一定的群体才能获得心理的满足，这既是群体存在的重要意义，也是群体的重要功能"。对幼儿而言，班级作为幼儿社会化成长的重要环境，是满足幼儿归属需求的重要场所和组织。开展集体活动，一方面可以帮助幼儿获得集体归属感（获得教师与同伴的关心、接纳与认可），满足幼儿"归属与爱的需要"；另一方面可以培养幼儿自觉接受和遵守群体规则，促进幼儿社会性发展。

集体活动是在满足幼儿自发性活动的基础上，由教师主导和组织的活动。从教师的角度来说，集体活动是在尊重每一名幼儿获得独特性发展的前提下，给予各年龄段幼儿共同活动的需求的保障。在集体活动中，教师应该以多种形式，在

深入分析发展领域性质，了解幼儿的学习进程、已有经验和学习方式的基础上，精心设计和实施集体教育活动。准确把握具有发展价值的幼儿兴趣点和需求点，有目的、有计划地引导幼儿主动学习，为幼儿的学习与发展提供鹰架。

教育期望

1. 乐于参加集体活动，感受集体活动的乐趣。

2. 学会倾听他人的观点及想法，不插话，不打断他人。

3. 能在集体面前讲述自己的感受、经验和想法。

4. 愿意尝试和探索，学习解决问题，具有初步的任务意识。

5. 在活动过程中，感受集体活动中规则的意义，会控制自己的情绪，不因自己过度兴奋或其他情绪表现而影响同伴。

6. 在需要合作时，能做到协商、轮流、谦让。

7. 用完材料后，能按照教师的要求，将材料整理好，放回原处。

教育准备

1. 至少提前1～2天准备集体活动所需材料，教具、学具等要确保安全、充足。根据不同年龄段幼儿发展情况，对活动内容提前做好计划。

2. 集体活动场地应固定在一处，以便幼儿养成常规习惯。活动场地可安排在教室内较为宽阔的地方，如集中区、积木区，并注意幼儿座位的排序，考虑幼儿身高、视角、与教师和同伴的空间关系、活动类型等，避免拥挤和互相干扰。

教师分工

◆ 主班教师

1. 选择贴近幼儿生活、符合幼儿兴趣与发展需要的活动内容。

2. 引导幼儿建立良好的集体活动常规（认真倾听、轮流发言）。

3. 用图画、文字符号记录幼儿谈话的要点，帮助幼儿梳理谈话思路，培养幼儿对文字的兴趣。

4. 观察幼儿参与活动的情况，灵活调整活动时间，有效提高活动质量。

5. 建立互相尊重、平等的师幼关系，为幼儿提供多种亲身体验、自主探索、与人互动的机会。

6. 尊重幼儿个性化的表达方式（语言、肢体动作、绘画、书写等），帮助幼儿建构知识。

7. 营造开放的谈话氛围，运用有效的提问激活幼儿的已有经验，引导幼儿主动思考及围绕主题进行表达和交流。

◆ 配班教师

1. 配合主班教师开展教学活动。

2. 关注活动中有特殊需求的幼儿，必要时给予帮助，处理突发事件。

◆ 保育员

1. 完成本时段的卫生清洁工作。

2. 当配班教师不在岗时，需完成其工作任务。

工作要点

◆ 主班教师

1. 尽量安排圆弧形座位，确保每名幼儿都面对教师；对个别幼儿出现的坐姿问题进行及时提醒，或与幼儿共同讨论坐姿不正确带来的影响。

2. 教师需区分个体要求和集体要求，个体要求可单独对幼儿提出，集体要求则需在集体中提出，并确保全体幼儿都能听清楚。

3. 教师需要了解不同年龄段幼儿的注意力发展特点，灵活调整集体活动时长。小班幼儿集体活动时间应控制在10～15分钟，中班为20～25分钟，大班为25～30分钟（大班学期末可适当延长5～10分钟）。教师应考虑以下几个问题：幼儿是否对教学活动内容感兴趣？教学内容是否符合幼儿学习需要？教学方式是否以游戏为主？

4. 对集体活动内容的选择应指向幼儿关键经验的获得。

5. 教师应尽可能选择开放式提问，确保所提出的问题让幼儿有话可说；提问后，给幼儿适当留点思考时间，并鼓励幼儿大胆表达。

6. 小班幼儿处于具体形象思维阶段，相关提示应以图画、符号为主；给中、大班幼儿的相关提示，可以图片、符号与文字相结合的方式，初步培养幼儿的读写意识。

◆ **配班教师**

1. 提醒幼儿一个挨一个坐下，纠正个别幼儿不正确的坐姿。

2. 用眼神、手势等方式提醒活动中干扰秩序的幼儿。

3. 协助主班教师准备好教具、学具。

4. 处理突发事件。

◆ **保育员**

1. 协助教师组织集体活动。

2. 完成本时段的卫生清洁工作。

第二节　小组活动

　　小组活动是以小组为单位的活动共同体，重视幼儿的主体地位和主导作用，通过小组成员间的交流与协作，最大程度地发挥幼儿各自经验、知识优势和思维特点，共同研究讨论解决问题的思路和方案，形成共同的研究结果。幼儿具有典型的"自我中心"特征，往往依靠自己的主观认识进行判断，较少从他人的角度考虑问题。小组活动将幼儿通过一定的任务组织在一起，引导他们相互交流、启发、质疑、讨论等，为幼儿学会协商、谅解、讨论、决策等提供机会，在丰富幼儿的社会交往经验的同时，又让幼儿体验到了合作的内涵与意义。因此，小组活动的过程既是促进幼儿认知发展的过程，又是促进幼儿情绪情感和社会交往技能积极发展的过程。教师应该"跟随幼儿"，并在有需要的情况下，适当地运用教育策略，为幼儿搭建合适的台阶，使他们通过同伴间的交流、分享，经历有效的合作学习过程。同时，用具有层次性、渐进性的开放问题引导幼儿主动探究。

教育期望

1. 愿意、积极参加小组活动，体验小组活动的乐趣。
2. 能选择自己喜欢的任务（小班）；能与同伴分工、合作，共同完成任务（中、大班）。
3. 能正确使用工具和材料，喜欢尝试和探索。
4. 愿意倾听同伴的发言，能够表达自己的想法。
5. 乐意用语言、符号、绘画等喜欢的方式描述学习的过程或结果。
6. 活动结束后，能主动收拾、整理材料和场地。

教育准备

1. 选择适合幼儿年龄特点及兴趣的活动内容；根据幼儿能力、性别、个性特点将幼儿分组，也可鼓励幼儿自由组合（幼儿自主形成2～4人的小组为佳，教师分配或引导形成的小组人数则以6～10人为佳）。

2. 提供充足材料（人手一份），材料取放方便。

3. 选择教室里适宜开展小组活动的场所，远离通道或干扰区域。

教师分工

◆ 主班、配班教师

1. 组织开展小组活动，通过提供材料、创设问题情境引发幼儿的学习兴趣。

2. 尊重幼儿的选择，协助幼儿选择小组成员，明确小组成员分工，引导幼儿合作。

3. 观察幼儿参与活动的情况，灵活增减活动环节，将预设内容与生成内容有机结合。

4. 观察幼儿在活动中的需求，灵活采用表情、眼神、手势及语言的方式给予必要的支持。

5. 鼓励幼儿运用语言、绘画、符号等方式，表达或记录探索的过程和结果。

6. 关注幼儿在活动中通过探索、思考所获得的知识、技能、合作能力及情感态度。

◆ 保育员

1. 完成本时段的卫生清洁工作。

2. 关注活动中有特殊需求的幼儿，必要时给予帮助，处理突发事件。

工作要点

◆ 主班、配班教师

1. 给幼儿安排座位时，教师与幼儿视线平行，要注意不背对幼儿，让每一名幼儿都能看清教师。

2. 教师提供材料，交代任务，幼儿操作在前，教师观察、引导在后。

3. 提供具体的学习材料，创设开放式的问题情境，引发幼儿主动探究的愿望与兴趣。

4. 对小组成员进行分工，对于年龄较小的幼儿，可以由教师协助将任务进行分解，并引导幼儿自行选择；对于年龄稍大的幼儿，可以协助他们自行协商开展分工合作，并且可以支持他们在小组中选出组织者和领导者。

5. 让幼儿进行小组合作学习时，给予他们自己解决问题的空间，可以建议他们商量一下合作过程中的分工。

6. 在观察了解幼儿的基础上，给幼儿提出个别任务，并予以指导。

7. 活动结束后，提醒幼儿整理材料，将材料放回原处。

◆ 保育员

1. 完成本时段的本职工作。

2. 协助教师开展小组活动。

第三节　区域自主游戏

《广东省幼儿园一日活动指引》提出，"自主游戏活动"是指幼儿在游戏情境中根据自己的兴趣和需要，以快乐和满足为目的，自由选择、自主开展、自发交流的积极主动的活动过程，它能够满足幼儿的个体需要，促进幼儿在自发、自主、自由的活动中发展想象力、创造力、交往合作能力及好奇探究的品质。区域自主游戏特指在班级教室里，幼儿自主的、多样化的游戏活动方式，是通过和游戏材料互动自发进行的主动学习，是在幼儿兴趣与需要的基础上产生的，是幼儿园教育的重要组成部分。

　　游戏是幼儿学习的主要方式。从发展的意义来说，区域自主游戏强调由幼儿主导，是幼儿自由、自主、自发的游戏活动。幼儿在这种游戏中享有高度的独立性和自主性，其发展是整合而隐性存在的。在游戏的过程中，幼儿能否进行富有成效的高水平游戏也依赖于教师创设环境、投放材料的有效性。因此，教师应该精心布置教室环境，为幼儿自主游戏提供一个丰富、刺激而又井然有序的环境，并通过材料投放及调整，支持幼儿主动学习。与此同时，在日常教学计划中，还要注意为幼儿深度游戏的发展留出足够的空间。

教育期望

1. 理解规则的意义，能与同伴协商制定并遵守游戏规则。

2. 通过语言、图画和符号等多种形式，比较清晰地描述活动计划、活动过程、活动结果。

3. 能够主动发起活动，自主选择游戏材料、游戏方式和玩伴，喜欢与教师、同伴互动游戏，感受游戏带来的快乐。

4. 在游戏中，学会与同伴分工合作；能运用协商、合作、求助等方式，学习化解矛盾和冲突。

5. 遇到困难能够尝试自己解决问题，必要时能够主动寻求帮助。

6. 感受游戏带来的收获，用多种形式描述自己的游戏过程，积极参与分享游戏过程，并能大胆提出自己的想法。

7. 游戏结束后，能主动收拾、整理材料。

教育准备

1. 教师事先合理分工，明确各自负责的区域，明确工作要点，对幼儿的要求要保持一致。在确保幼儿安全活动的同时，也能关注幼儿的个体差异，给予适宜的指导和帮助。

2. 提前整理玩具及材料，及时补充材料的数量，修整破损材料，排除安全隐患。

3. 检查场地材料、玩具、器械是否有明显的标记，使幼儿找得到、放得回。

4. 空间规划：

（1）充分考虑不同年龄阶段幼儿的发展需求，结合班级人数、活动室面积大小、空间布局等情况合理确定区域的类型与数量，常规的区域有积木区、美工区、表演区、角色区（如娃娃家、理发店、超市等）、阅读区、科学区、沙水区等。

（2）根据幼儿园空间特点，结合活动室的采光、水源、电源特点以及动静分区的原则确定每个区域的位置。

（3）规划区域后保留的通道应适宜，要避免出现可让幼儿奔跑的过长通道或环形走道。

5. 材料投放：

（1）根据幼儿的年龄特点及兴趣，提供安全干净、种类丰富、数量充足、层次多样的、具有趣味性和可操作性的材料。

（2）玩具柜高度应适合幼儿的年龄特点，材料摆放遵循幼儿看得见、拿得到、放得回的原则。

（3）通过多种形式（如小班采用提供拓图、实物照片方式；中、大班采用图文、数字、符号等方式）给材料做标识。

6. 区域规则：

根据各区域特性，结合本班幼儿实际情况，制定个性化规则，并以图文结合等幼儿能理解的方式呈现。

活动前

教师分工

◆ 主班、配班教师

1. 教师事先有分工，明确各自负责照看的区域。

2. 教师与幼儿共同制定幼儿能够理解和遵守的规则。

3. 以游戏方式帮助小班幼儿辨认各活动区。

4. 根据幼儿的年龄特点及能力水平，制订适宜的区域计划（小班可由幼儿说计划，教师协助记录；中、大班可鼓励幼儿选择绘画、文字等自己喜欢的方式做计划）。

5. 根据幼儿的年龄特点，有计划地增设、开放游戏区。

◆ 保育员

1. 区域活动前，检查各区域材料的数量、有无破损，必要时及时补充或修整。

2. 协助班级教师，引导幼儿做好区域计划。

3. 做好教室内外的清洁工作。

工作要点

1. 主班教师、配班教师、保育员应合理地分工与选择站位，明确各自负责照看的区域，确保室内、室外的全部幼儿都在教师视线范围内。

2. 组织幼儿共同讨论区域规则，并将规则以图文结合的形式呈现在幼儿看得见的地方。

3. 可引导小班幼儿说出自己的计划；可引导中、大班幼儿以符号、图画、文字等多种形式描述活动计划。

4. 小班幼儿刚入园时，可根据幼儿的实际情况有计划、有步骤地逐一开放基本功能区。

活动中

教师分工

◆ 主班、配班教师

1. 组织开展自选游戏活动，活动时间确保一小时左右。

2. 指导小班幼儿按照计划进区，提醒中、大班幼儿按照计划有序进区。

3. 鼓励幼儿自主选择游戏同伴，必要时帮助幼儿解决自主选择的困难和矛盾。

4. 用适当方式引导未进区的幼儿开展游戏活动。

5. 观察与记录幼儿的游戏活动，根据情况判断其发展水平和需求，为有需要的幼儿提供适宜的帮助。

6. 鼓励幼儿以自己的方式记录活动中的发现。

7. 用多种方式收集幼儿活动过程，为开展分享活动准备素材。

8. 关注幼儿活动情况，帮助幼儿及时调解冲突，处理突发事件。

◆ 保育员

1. 协助开展游戏活动，引导未入区的幼儿开展游戏活动，适当回应幼儿的特殊需要。

2. 处理突发事件。

工作要点

1. 检查幼儿进区情况，核对进区人数，及时提醒未按计划进区的幼儿做出调整。

2. 关注各区域的活动情况，提醒幼儿安全使用区域材料和工具，及时纠正幼儿的不安全行为。

3. 引导幼儿以交换玩具、邀请等方式，主动发起游戏活动。

4. 引导幼儿遵守各区域的游戏规则，发现危险行为及时制止。

5. 选择不干扰幼儿游戏的位置，观察幼儿的游戏活动，在幼儿邀请时或需要帮助时介入游戏，给予幼儿适宜的支持。可以采用以下三种方法：平行介入，即教师起到榜样、示范的作用，与幼儿一起进行平行游戏；交叉介入，教师以角色的身份引导幼儿游戏；垂直介入，当幼儿之间出现争执、矛盾时，教师多采用垂直、直接的介入方式。

6. 教师可用多种方式记录活动过程（如照片、作业单、作品、实物等）。

活动后

教师分工

◆ 主班、配班教师

1. 在收拾前发出明确的信号提示，在保证室内外游戏时间的同时，给幼儿一定的弹性时间。

2. 提供方便幼儿收拾、整理的工具或材料。

3. 帮助幼儿明确具体的收拾、整理任务，鼓励幼儿一起合作完成整理工作。

4. 组织幼儿开展分享交流活动。

◆ 保育员

1. 完成本时段的卫生清洁工作。

2. 协助幼儿完成收拾整理工作。

工作要点

1. 对于收拾难度较大的区域，教师与全体幼儿共同讨论并制订相关计划，可提前五分钟提醒幼儿收拾玩具，如积木区、角色区。

2. 提供给幼儿小抹布、小铲子、小篮子，方便幼儿收拾整理。

3. 根据幼儿的年龄特点给予具体的收拾整理要求。

4. 引导小班幼儿将玩具按标识指示放归原处；引导中、大班幼儿自行或互助完成任务。

5. 根据区域活动实际情况，确定分享内容和主题，分享内容包括幼儿作品、观察记录、区域活动中存在的共性问题。鼓励幼儿在集体面前大胆介绍自己的作品。

第三章

户外活动

第一节　操节活动

　　操节活动是能满足幼儿身体发展、审美意识和能力发展等多种需要的综合性教育活动，是以促进幼儿身心全面、协调发展为原则，在音乐、儿歌等伴奏下进行的一项集教育性、审美性、模仿性于一体的体育活动。开展丰富多样、适合幼儿的操节活动（如模仿操、徒手操、轻器械体操、韵律操等），是增强幼儿体质、增进幼儿健康、塑造良好形体的积极手段。《3—6岁儿童学习与发展指南》中关于健康领域的教育建议是："开展丰富多样、适合幼儿年龄特点的各种身体活动"，"为幼儿准备多种体育活动材料，鼓励他选择自己喜欢的材料开展活动"等。教师在组织开展幼儿操节活动中，应根据不同年龄段幼儿的身心发展特点编排操节活动，为幼儿提供尽可能多的身体运动机会，并利用材料吸引幼儿参与其中。

教育期望

1. 乐于参加集体操节活动，并积极与同伴互动，感受集体活动带来的快乐。
2. 精神饱满，协调有力，能够按信号、口令有节奏地做动作。
3. 在活动中乐于与同伴合作。
4. 能够遵守活动规则，具有初步的安全意识。
5. 活动结束后，能够主动收拾、整理活动器械，并将活动器械及时归位。

教育准备

1. 根据幼儿的兴趣及能力，编排结构合理、运动量适当、时间适宜的团体操，选择适宜的音乐和安全的辅助器械。
2. 结合季节及本班活动计划，充分预想活动过程中的安全防护、活动场地、活动流程，做好应对措施。
3. 班主任应做好合理的分工（领操教师面向集体，精神饱满，动作规范、协调有力；协助教师站在幼儿后面，关注所有幼儿的活动情况）。
4. 检查场地周边、途经道路等是否有危险物品，及时排除安全隐患，确保活动场地安全；检查活动器械、工具有无损坏，数量是否充足。
5. 检查幼儿着装，帮助小班幼儿穿戴好便于运动、适合气温的衣服和鞋子，取下头部、服装上的饰物；提醒中、大班幼儿进行自查或互查。
6. 布置活动场地，摆放活动器械（所有器械需有明显的标记，使幼儿找得到、放得回）。
7. 提醒幼儿活动前根据需要完成喝水、如厕等生活活动。

教师分工

◆ 主班教师

1. 组织幼儿列队到达场地，面向全体幼儿，精神饱满地带领幼儿做操，动作规范、有力。

2. 观察幼儿做操情况，引导幼儿学习遵守活动规则，做好运动中的安全防护工作。

3. 尊重幼儿个体差异，鼓励幼儿参与活动，用幼儿能接受的方式提醒幼儿按音乐、口令做动作。

4. 根据气温和幼儿体质情况，提醒幼儿及时增减衣服。

5. 活动后组织幼儿整理个人衣物、器械及场地，稳定情绪列队进入下一活动。

◆ 配班教师

1. 协助组织幼儿到达场地。

2. 观察幼儿做操情况，引导幼儿学习遵守活动规则，做好运动中的安全防护工作。

3. 尊重个体差异，鼓励幼儿参与活动，用幼儿能接受的方式引导幼儿按照信号、口令做动作。

4. 确保幼儿在教师的视线范围内；关注有特殊需要须暂时离开场地的幼儿；引导晚来的幼儿尽快加入集体活动。

5. 根据气温和幼儿体质情况，提醒幼儿及时增减衣服。

6. 活动后与幼儿一起整理个人衣物、器械及场地，提醒掉队幼儿快速回到集体中。

◆ 保育员

1. 提醒个别动作慢的幼儿快速回到集体中。

2. 完成本时段的本职工作，处理突发事件。

工作要点

1. 教师带领幼儿前往场地，两位教师应分别走在队伍的前面和后面，提醒幼儿上下楼梯、穿越窄道不挤推，不奔跑，靠右侧行走，与前后同伴保持安全距离。

2. 做好活动前的热身活动，可在场地以踏步、快走、慢跑、模仿操等多种方式充分活动全身肌肉与关节，并针对当日的活动做好准备活动。

3. 带操教师精神饱满、动作规范，用幼儿能理解的语言激励幼儿动作有力地做操。

4. 关注全体幼儿的活动情况，确保幼儿在教师视线范围内活动。如遇特殊情况幼儿须临时离场，小班须教师跟随，中、大班可安排幼儿一同前往，确保幼儿安全。给予体弱、生病的幼儿特别关照。及时处理幼儿流鼻血、磕碰受伤等突发事件。

5. 随时关注幼儿运动情况，结合幼儿运动强度，提醒幼儿感知运动给身体带来的变化（心跳或出汗），引导幼儿根据实际情况增减衣服。

6. 引导幼儿学习掌握简单的活动自护方法。比如，摔倒时用手撑地；人多时需排队，耐心等待；遇到危险时，知道采用向左右跑开、抱头、下蹲等方法躲避。

7. 活动结束后，帮助小班幼儿将玩具、器械、材料按照标记放归原处（中、大班可鼓励幼儿自行收拾，并请幼儿互相检查和监督），带领幼儿做身体放松运动。及时肯定积极参与活动、遵守规则的幼儿，促进幼儿良好行为的发展，使其逐步形成良好的活动习惯。

8. 活动结束后，用游戏方式引导幼儿清点人数，检查幼儿有无受伤情况，有无遗漏衣物、器械，有无携带危险物品，并进行妥善处理。

第二节　体育教学活动

体育课是教师有计划、有目的、有组织地教授幼儿一些动作技能的基本形式。根据《学前儿童体育》（北京师范大学出版社出版）和《广东省幼儿园一日活动指引》对"幼儿体育课"和"体育活动"的论述，幼儿园体育教学活动主要是指在运动场地上，以身体动作的练习为主要内容，注重幼儿身体的全面锻炼与发展，有目的、有计划地提高幼儿的身体素质，在发展幼儿的基本活动能力的同时，重视幼儿身体、智力与社会性等方面协调发展的一种有目的、有计划、有组织的集体教育活动。《3—6岁儿童学习与发展指南》指出："幼儿每天的户外活动时间一般不少于2小时，其中体育活动时间不少于1小时，季节交替时要坚持。"可见，体育教学活动是幼儿园健康领域教育的重要组成部分，也是增强幼儿运动能力和环境适应能力、形成积极情绪的重要途径。

教师在组织体育教学活动时，需要根据幼儿动作发展规律与学习特点，为每次活动设置适宜的目标（有层次、有挑战、有乐趣），通过适当的材料投放和游戏活动，支持幼儿跨越运动学习的难点，确保幼儿在运动的过程中保持积极主动的情绪状态。

教育期望

1. 乐于参加体育活动，喜欢与老师、同伴互动游戏，感受运动带来的快乐。

2. 初步具有运动安全的意识，在运动中学习根据身体的感受，调节和控制自己的运动量和情绪。

3. 遵守活动规则，逐步养成良好的运动行为规则。

4. 掌握基本运动技能，具有一定的平衡能力，动作协调、灵敏。

5. 初步具有坚强、勇敢、不怕困难的品质。

6. 活动结束后，能够主动收拾、整理活动器械，并将活动器械及时归位。

教育准备

1. 全体教师对幼儿的要求要保持一致，在保证每名幼儿安全运动的同时，也能关注幼儿个体差异，给予适宜的指导和帮助。班主任应做好合理的分工，如由专职体育教师上课时，主班、配班教师应分工合作，积极协助体育教师组织幼儿开展活动。

2. 检查场地周边、途经场地等是否有危险物品，及时排除安全隐患，确保活动场地安全；检查活动器械、工具有无损坏，数量是否充足。

3. 检查幼儿着装，帮助小班幼儿穿戴好便于运动、适合气温的衣服和鞋子，取下头部、服装上的饰物，提醒中、大班幼儿进行自检或互检。

4. 布置活动场地，摆放活动器械（所有器械需有明显的标记，使幼儿找得到、放得回）。

5. 提醒幼儿活动前根据需要完成喝水、如厕等生活活动。

教师分工

◆ 主班、配班教师

1. 组织幼儿列队到达场地开展活动。

2. 带领幼儿做热身运动。

3. 观察幼儿活动情况，引导幼儿学习遵守活动规则，做好运动中的安全防护工作。

4. 尊重个体差异，用幼儿能接受的方式鼓励幼儿参与活动。

5. 确保幼儿在教师的视线范围内，关注有特殊需要须暂时离开场地的幼儿，小班须教师跟随，中、大班可安排幼儿一同前往，确保幼儿安全，遇到意外情况及时处理。

6. 根据天气和幼儿体质情况，提醒幼儿及时增减衣服。

7. 鼓励、支持幼儿在安全的情况下自主探索和创新。

8. 帮助幼儿发展在使用器械时所需要的技能。

9. 活动后，组织幼儿共同收拾活动器械，整理活动场地，有序进入下一个活动。

◆ 保育员

完成本时段的本职工作后，协助其他教师开展活动，处理突发事件。

工作要点

1. 教师带领幼儿前往场地，两位教师应分别走在队伍的前面和后面，提醒幼儿上下楼梯、穿越窄道不挤推，不奔跑，靠右侧行走，与前后同伴保持安全距离。

2. 做好体育活动前的热身活动，可在场地上以踏步、快走、慢跑、做模仿操等多种形式充分活动全身肌肉与关节，并做好当日所需准备活动。

3. 引导幼儿遵守活动规则，提醒幼儿与同伴友好相处，能用协商、合作等方式，有效化解矛盾和冲突，愉快游戏。

4. 根据实际情况，对动作难易程度、活动量、活动进程、幼儿情绪等进行调控。关注幼儿的个体差异，给予适宜的指导和帮助：对于能力强的幼儿要尽量满足需要，促进发展；对好动的幼儿格外关注，提醒他们遵守规则，及时干预潜在的危险行为；鼓励胆小、动作发展迟缓的幼儿，大胆尝试有挑战性的动作。

5. 关注全体幼儿的活动情况，指导幼儿在教师视线范围内活动。如遇特殊情况幼儿须临时离场，小班须教师跟随，中、大班可安排幼儿一同前往，确保幼儿安全。给予体弱、生病的幼儿特别关照。及时处理流鼻血、磕碰受伤等突发事件。

6. 随时关注幼儿运动情况，结合幼儿运动强度，提醒幼儿感知运动给身体带来的变化（心跳或出汗），引导幼儿根据实际情况增减衣服。

7. 引导幼儿学习掌握简单的自护方法。比如，摔倒时用手撑地；人多时需排队，耐心等待；遇到危险时，知道通过向左右跑开、抱头、下蹲等方法躲避。

8. 活动结束后，帮助小班幼儿将玩具、器械、材料按照标记物归原处（中、大班可鼓励幼儿自行收拾，并请幼儿互相检查和监督），带领幼儿做身体放松运动。及时肯定积极参与活动、遵守规则的幼儿，促进幼儿在活动中良好行为的发展，使其逐步形成良好的活动习惯。

9. 活动结束后，用游戏的方式引导幼儿清点人数，检查幼儿有无受伤情况，有无遗漏衣物、器械，有无携带危险物品，并进行妥善处理。

第三节 户外自主游戏

北京师范大学刘焱教授认为，户外自主游戏包含两种不可分割、相互关联的学习过程，即"学习运动"和"通过运动来学习"。"学习运动"是指在户外游戏活动中，幼儿可以学习运动的基本技能，提高运动的质量；"通过运动学习"是指在户外游戏活动中可以促进幼儿其他方面的学习与发展，是幼儿认识自我，探索、体验和认识外部环境的重要方式。它有益于幼儿的心理健康，可促进幼儿身心各方面的发展。于幼儿而言，在户外，他们可以尽情呼喊、游戏和释放能量，他们的游戏世界就是一个真正的"小人国"：既能满足身心发展的需求和兴趣，又富有学习机会，并且是快乐、有趣的游戏天堂。

为最大化拓展幼儿户外游戏的价值，必须提供适宜的户外游戏空间和丰富的环境刺激，创设高效的户外环境。因此，要重视户外空间的规划和设计，一方面要求保证幼儿的安全和健康；另一方面要有复杂、丰富、有效、有趣的户外活动区设计，为不同年龄阶段幼儿的主动学习和社会互动提供机会。而且，在幼儿游戏的同时，教师应该在旁仔细地对游戏过程中的各种"意外"进行观察、记录，并进行专业评估，捕捉黄金时机给予幼儿适当的引导和教育。

教育期望

1. 理解规则，能与同伴协商制定并遵守游戏和活动规则。

2. 能够主动发起游戏，自主选择活动材料、活动方式和玩伴，喜欢与教师、同伴互动，感受游戏带来的快乐。

3. 初步具有关注户外环境安全的意识。

4. 在游戏中，学会与同伴分工合作，能运用协商、合作、互助等方式，化解矛盾和冲突；遇到困难能够尝试自己解决问题，必要时能够主动寻求帮助。

5. 活动结束后，能主动收拾、整理材料。

教育准备

1. 班主任应做好合理的分工，根据户外场地空间特点合理分配教师站位，明确各自负责的区域及工作要点；对幼儿的要求保持一致，在确保每名幼儿安全活动的同时，也能关注幼儿个体差异，给予适宜的指导和帮助。

2. 检查场地周边、途经场地等是否有危险物品，及时排除安全隐患，确保活动场地安全；检查活动器械、工具有无损坏，数量是否充足；检查幼儿着装，帮助小班幼儿穿戴适合气温的衣服、鞋子，指导中、大班幼儿进行自查或互查。

3. 检查场地材料、玩具、器械是否有明显的标记，方便幼儿找得到、放得回。

4. 根据天气情况及身体需要，提醒幼儿增减衣服、及时喝水、就近如厕。

5. 做好夏季防晒、下雨天避雨的场地调整计划。

6. 空间规划：

（1）结合室内区域设置，确定区域的种类和数量，以达到室内外功能区域互补。

（2）结合活动类型、活动人数、天气变化，合理规划室外区域空间。

（3）合理规划区域间的交通路线，保障幼儿出入区域顺畅。

7. 材料投放：

（1）根据幼儿的年龄特点及兴趣，提供安全干净、种类丰富、数量充足、层次多样、具趣味性和可操作性的材料。

（2）根据材料的功能，分类摆放在适合幼儿视线高度的固定位置，并根据幼儿的年龄特点采用多种形式给材料做标识。

（3）投放大型防晒和避雨设施。

教师分工

◆ 主班、配班教师

1. 教师做好户外场地责任区分工，确保所有幼儿都在视线范围之内，情况需要时适当移动，相互协助。

2. 根据本班的实际安排，划分自选活动场地，强调安全要求。

3. 如无天气原因或特殊安排，确保自选活动时长在一小时左右。

4. 确保幼儿在教师的视线范围内，关注有特殊需要须暂时离开场地的幼儿：小班须有教师跟随，中、大班可安排幼儿一同前往，确保幼儿安全，遇到意外情况及时处理。

5. 观察幼儿的活动，积极回应幼儿的需求，给有需要的幼儿提供必要的帮助。

6. 鼓励幼儿自主选择游戏、玩伴，积极与同伴、教师互动。

7. 根据天气和幼儿体质情况，提醒幼儿及时增减衣服。

8. 观察幼儿的游戏活动，鼓励、支持幼儿在安全的情况下自主探索和创新，必要的时候给予适宜的支持。

9. 活动后，组织幼儿将材料、器械物归原处，整理个人衣物，列队清点人数，检查幼儿是否携带危险物品，有序进入下一个活动。

◆ 保育员

1. 关注个别远离集体的幼儿的活动情况。

2. 提醒幼儿把游戏材料归位，整理个人衣物。

3. 检查幼儿是否携带危险物品。

工作要点

1. 教师带领幼儿前往自选活动场地，两位教师应分别走在队伍的前面和后面，提醒幼儿上下楼梯、穿越窄道不挤推、不奔跑、靠右侧行走，保持与前后同伴的安全距离。

2. 做好运动前的热身活动，可在场地上以踏步、快走、慢跑、游戏等多种形式充分活动全身肌肉与关节。

3. 引导幼儿遵守活动规则，提醒幼儿与同伴友好相处，能用协商、合作等方式，有效化解矛盾和冲突，愉快游戏。

4. 关注全体幼儿的活动情况，指导幼儿在教师视线范围内活动。如特殊情况幼儿须临时离场，小班须教师跟随，中、大班可安排幼儿一同前往，确保幼儿安全。给予体弱、生病的幼儿特别关照。及时处理流鼻血、磕碰受伤等突发事件。

5. 随时关注幼儿运动情况，结合幼儿运动强度，提醒幼儿感知运动之后给身体带来的变化（心跳或出汗），引导幼儿根据实际情况增减衣服。

6. 引导幼儿学习掌握简单的活动自护方法。比如，摔倒时用手撑地；人多时需排队，耐心等待；遇到危险时，知道通过向左右跑开、抱头、下蹲等方法躲避。

7. 引导幼儿发现户外运动器械、设备与安全之间的关系。例如，活动时与别人保持一臂距离，不随意藏入无人知道的地方，不将跳绳套住脖子，不拿器械当玩具等，防止器械伤到自己或同伴；组织大型器械活动时，对容易发生危险的滑梯、秋千等位置给予重点看护和指导，发现危险行为应及时制止。

8. 活动结束后，帮助小班幼儿将玩具、器械、材料按照标记物归原处（中、大班可鼓励幼儿自行收拾，并请幼儿互相检查和监督），带领幼儿做身体放松运动。及时肯定积极参与活动、遵守规则的幼儿，促进幼儿在活动中良好行为的发展，使其逐步形成安全活动的良好习惯。

9. 活动结束后，用做游戏的方式引导幼儿清点人数，检查幼儿有无受伤情况，有无遗漏衣物、器械，有无携带危险物品，并进行妥善处理。

参考文献

1. 中华人民共和国教育部. 幼儿园工作规程［S］. 2016

2. 中华人民共和国教育部. 幼儿园教育指导纲要（试行）［S］. 2001

3. 中华人民共和国教育部. 幼儿园教师专业标准（试行）［S］. 2012

4. 广东省教育厅. 广东省幼儿园一日活动指引（试行）［S］. 2015

5. 李季湄，冯晓霞主编.《3—6岁儿童学习与发展指南》解读［M］. 北京：人民教育出版社，2013

6. 黄人颂. 学前教育学［M］. 北京：人民教育出版社，1989

7. 冯晓霞. 幼儿园课程［M］. 北京：北京师范大学出版社，2000

8. 倪晓莉. 社会心理学［M］. 西安：西安交通大学出版社，2007

9. 刘焱. 儿童游戏通论［M］. 北京：北京师范大学出版社，2013

10. 深圳市投资控股有限公司幼教管理中心编. 幼儿园一日生活实施指引［M］，北京：北京师范大学出版社，2015

11. 宋文霞，王翠霞. 幼儿园一日生活环节的组织策略［M］，北京：中国轻工业出版社，2012

12. 吴文艳主编. 幼儿园一日生活过渡环节的组织策略［M］，北京：中国轻工业出版社，2014

13. 刘占兰，廖贻主编. 聚焦幼儿园教育教学：反思与评价［M］，北京：北京师范大学出版社，2007